一张半翕

了之　著

图书在版编目(CIP)数据

一张半翕 / 了乏著. —天津: 天津大学出版社, 2016.6（2019.1重印）
（新诗丛）
ISBN 978-7-5618-5527-0

Ⅰ.①一…　Ⅱ.①了…　Ⅲ.①诗集－中国－当代　Ⅳ.①I227

中国版本图书馆CIP数据核字(2016)第102066号

出版发行　天津大学出版社
地　　址　天津市卫津路92号天津大学内(邮编:300072)
电　　话　发行部:022-27403647
网　　址　publish.tju.edu.cn
印　　刷　廊坊市海涛印刷有限公司
经　　销　全国各地新华书店
开　　本　148mm×210mm
印　　张　6.375
字　　数　80千
版　　次　2016年6月第1版
印　　次　2019年1月第2次
定　　价　28.00元

代序一
诗人应该是理解世道人心的那种人

沈浩波

路过教堂
中年妇女拦住他
要送他一个精美十字架

当她看到他脖子上的观音玉坠
犹豫了一下
还是将十字架套在他脖子上

他原本想将脖子收回
犹豫了一下
最终挺着没动

——《犹豫》

这是一首“无言”的诗。诗人仿佛是沉默的，没有跳出来言说，没有觉得宗教是一个多大的主题，没有渲染，没有一点多余的修饰，也没有一句多余的话。用最简单的方式实现了“微妙”——微妙原本就应该是简单的。并且因为这微妙，抵达了“诗”。

很多人热衷于讨论语言，但一个显而易见的常识是，如果诗歌中的语言不能让诗歌真正抵达“诗”，或者导致一首诗要走很远的路才能沾到“诗”的一点边儿，那这所谓的语言，就是无效的语言。

了乏的这首《犹豫》，不但抵达了“诗”，而且诗的格调高，抵达得深刻——言说抵达不了的那种深刻，才是“诗”的深刻。有些人在诗歌中拼命用言说、用格言、用姿态来试图实现诗歌的深刻，这与“诗”本身天然抵达的深刻相比，格调低了很多。

了乏在写作的过程中没有把宗教处理成一个多大的主题，但宗教本身，却又的确是一个大的主题。这里面当然有一个举重若轻的能力，但我更觉得，在了乏这首诗中，连“举重若轻”的那种“举”的刻意感都没有，他根本没有想举起什么，只是抵达了“诗”，我以为这是诗歌写作中，最纯粹的态度。最好的口语诗在面对大主题时，往往能体现出这种态度，并抵达一个更高级的诗歌境界。

《犹豫》一诗所呈现出的微妙，放在基督教与佛教相遇的这样一个开阔背景下，就使得这微妙指向了更辽阔的人类情感。一个基督教的女子，遇到了一个佛教的男子，到底是宗教与宗教的相遇，还是人与人的相遇？这里面当然包含着宗教与宗教的相遇，但最后却实现了人与人的相遇。是人与人的相遇，令这次宗教与宗教的相遇迸发出了世俗中的“人性”，而这人性，充满着光辉。什么是人性？什么又是神性？充满光辉的人性，不正是日常生活中的神性吗？诗人抓住了她和他的犹豫，抓住了“最终挺着没动”的微妙。我作为一个评论者，在这篇文章中试图解读这首诗，这是言说，不是诗。而写这首诗的了乏，不需要言说，诗就在那里，就在诗中，熠熠生辉。

了乏是新世纪以后崛起的优秀口语诗人之一，专业的诗歌读者可能会意识到，像《犹豫》这样的诗歌构成与实现方式在新世纪之前其实并不多见。这正是口语诗歌在新世纪越发成熟后呈现出来的杰作。我常说，很多时候，对于优秀的诗人而言，采用口语，实际上意味着一种世界观，不仅仅是关于诗歌的世界观，甚至可能是作为一个人的世界观。

在这样一种世界观中，人，首先是人，生活中的人；人性，首先是人性，具体生活中的人性，然后才是当人性熠熠生辉时对神性的抵达，而不是大而无当的，凌空蹈虚的，居高临下的，征服与奴役人的那种神性。《犹豫》一诗中的两次犹豫，犹豫地套上去，犹豫地接受，诗人在微妙中捕捉到了人性，而这人性，在宗教的神性背景下，就更显得美好。这是一首抵达了人性之美好的诗。

一个常常会被忽略的话题是，诗人为什么会写这么一首诗？诗人的同行们可以思考一下的是，同样的场景，如果被你遭遇，你会不会意识到，这是一首诗？你会不会意识到，这犹豫中有微妙，这微妙中有光辉，这光辉，是一首诗？这是一首按照当代口语诗的某种已经成为老套路的经典模式——发现、呈现和抵达——而构成的诗歌。套路固然已被很多口语诗人们写成了老套路，但能否发现，发现了什么，是不是高级，如何呈现，抵达哪里？对诗人的考验却是永恒的。对于写出了这首诗的了乏来说，他首先是得有能力发现这犹豫，并且得有同样美好的心灵感知到其中的人性之美，才有可能写出这首诗。这其实既在考验诗人的能力，更在考验诗人的心灵。

口语是一种脱光了的语言，诗人要能赤裸着接受考验：既考验能力，更考验心灵。这才是口语诗歌真正的难度所在。很多人诟病口语诗歌泥沙俱下，了乏的大量诗歌，大约也可以被如此诟病。这其实很正常。口语诗歌要写出杰作是真不容易，因为是赤裸的，无隐藏的，能被最真实地看到心灵的，所以难以藏拙，要么就是好，要么就是不好，几乎很难有中间状态。不理解这种难度，而苛责诗人为什么不首首都是杰作的，实为诗歌之外行。而那些平庸的诗人，往往都是最善于藏拙的，但若扒开他们诗歌上的层层外套，往里看，里面往往连一根坚固的骨头都没有，空空荡荡！

了乏是那种善于往人性深处挖掘的诗人。《犹豫》抵达的是人性之美好。而他在进入人性之恶和荒凉时，也毫不手软：

一个漂亮女人递过来 100 元
扔下一个包袱
让扫大街的老 Q 帮忙埋了

老 Q 很高兴
先是哼着小曲在路边挖了一个坑
然后站在三米之外
将包袱准确投进坑里

可能用力过猛
包袱松开
露出一个婴儿脑袋

老 Q 毫不慌张
迅速扫来一堆落叶盖在上面
然后，若无其事地拿起铁锹

——《埋》

在读《犹豫》时，我就在想，那首诗中所呈现的是一种瞬间发生、瞬间结束的场景，是否是诗人亲眼目睹的呢？那么微妙的瞬间，就正好被诗人目睹了？有没有可能是诗人在遭遇某个类似场景时在心中重新勾勒出的内心场景呢？而这首《埋》，似乎就更不可能是诗人目睹的现实了，更像是在日常经验的基础上重构的事实。但是作为读者，作为一个生活在当代中国现实且具备足够现实经验的读者来说，这两首诗读起来都有一种强烈的真实感。无论是《犹豫》中挺着脖子的那种犹豫——太真实了；还是《埋》中老Q那种“毫不慌张”“若无其事”——他仿佛本就知道包袱里装的是什么，都让读者如我，有一种会心的真实感受。倘若这两首诗都并不建立在纯真实的基础上，而是诗人在心中重构的事实的话，那么这对诗人的要求就更高了，需要诗人对我们这个时代，对我们生活中的世道人心，有深刻的日常洞悉。诗人得知道这个世界，得知道这个环境里的人。这不是能从书本里学习到的，也不是诗歌技艺所能解决的。这要求诗人自己，首先得是一个在生活中的人，甚至是一个热爱生活的人，理解生活的人。这又是很多杰出口语诗人的基本世界观——诗从生活来，诗在生活和生命中，诗人首先是一个生活中的人，是理解世道人心的那种人。

唯其如此，所以了乏也才能写出这样一首诗：

寡妇杨小莲被强奸后
沉默无语
连续三天把自己关在家里

第四天夜里
邻居看到她幽灵般出现在强奸现场

“你怎么还敢来这”
“我，我找耳环”

——《耳环》

初读这首《耳环》时，我忍不住在心里将这首诗理解为一首抵达人性之荒诞的诗。但再读则不然，不是荒谬，是理解，甚至是尊重。《耳环》是一首看似简单，但我在不同时间读，却能常读常新，读出不同意味的诗歌。好的诗歌是无言的，你甚至无法准确说出它到底抵达了何处，它只是在悄无声息中构成了奇观。

无论是美好还是荒诞，恶毒还是虚无，都是人性的一部分。诗人要抵达的，也不仅仅是人性，而是人性的奇观！诗歌始终意味着对庸常的反抗，永远意味着建立新的奇观。只不过，对于了乏这样的诗人来说，他所采用的方式，是不避庸常，不怕庸常，是深知庸常中自有奇观，人性中自有奇崛，生命中永远有"诗"！诗就在那里，就隐藏在庸常中，等待被诗人写出。

了乏请我为他即将出版的诗集作序，大约是因为，从新世纪最初十年的"诗江湖"论坛时代开始，我多少也算是见证了其诗歌写作的过程。我读过他的杰作，当然也读过他更多平庸之作，奇观不是每天都能写出的，但拒绝诗歌中的任何一点平庸，却是我们每天都应该追求的。了乏还需要更多的奇崛之杰作，来夯实自己的诗歌人生；也需要更丰富和宽广的心灵背景，来容纳他本就拥有的微妙之能力，若是心灵背景太干涸，太狭窄，太单调，诗人再有实现微妙的能力，"诗"所抵达的，也容易不够深刻或辽远。

代序二

我们原本如此生活

西娃

寡妇杨小莲被强奸后
沉默无语
连续三天把自己关在家里

第四天夜里
邻居看到她幽灵般出现在强奸现场

“你怎么还敢来这”
“我，我找耳环”

——《耳环》

当伊沙把这首《耳环》于《新世纪诗典》推出来的时候，我还记得当时现场的激烈程度：一波人认为，杨小莲被强奸后，是去找耳环，理由是耳环对她有某种重要意义；一波人认为，她绝对不是去找耳环，这残酷的，与某种伦理道德相抵触的强奸的背后，有寡妇小莲的一种需要，或许来自于肉体，也许来自对某种隐秘体验的留念；或者……

谜底不重要，读者的内心与视觉，停留在哪个点上不重要，重要的是在一首仅仅七行的诗歌里，作者给了“蜜蜂吸蜜，毒蛇吸毒”的空间感，以及空间感的再度延续——“耳环”作为装饰物和一种借口，被作者抛了出来，让我们穿透它，去看到被世俗、观念、伦理遮蔽了的一些真相，这些真相通常“上不得台面”，诗人把它兜出来，让我们正视本属于人性的正常需求。

作为一度在语言上无尽缠绕的抒情诗人，回退几年我不会欣赏这首诗，没有所谓的诗性的句子，看不到作者的表情，把语言剔除得太干净等等，但我现在更欣赏优秀口语诗人们的努力，他们把“指月亮的手指”洗涮得很干净，让我们去看月亮本身；他们在叙述中把感情节制到最低，把它让位于事件本身；他们让事件本身说话，而退出作者自顾自的饶舌……

就如本诗——

作者了乏首先抬出寡妇杨小莲被强奸这一事实，“寡妇”一词，为后来事情的结局埋下“合情合理”的可能（寡妇：自古寡妇门前是非多，在这里，可能是性空缺者，可能是对性有着多重经验的人）。一个女人被强奸后，可能有各种各样的心理反应，作者只用了“沉默无语 / 连续三天把自己关在家里”，像一个电影镜头，只一个，把无尽的可能的想象空间留给读者，每个人能想到的都可以往里面填。接下来，转换视觉，邻居的视觉，看到杨小莲“幽灵般”出现在强奸现场，这是全诗唯一一个形容词，它符合在屋子里关了三天的一个被强奸的女人的状态，它更符合三天中沉默无语的状态，它更更符合整个被强奸后，作者不着一词描绘她内心有什么反应的状态；“幽灵般”总是出人意料，它正在逼近结果——“我，我找耳环”，两个我，暴露了她托词后的真相，耳环这一装饰物后面的真相：她绝对不是来找耳环。

高明的导演从不浪费任何一个道具，想想“寡妇”一词，想想“我，我在找耳环”的口吻，悬疑中不再有悬疑。从而，寡妇因寂寞而寡，寡妇因避开邻居的追问而寡，寡妇因追随某种需求身体抵达现场而依然在找借口而寡，寡妇因被“强奸”而留恋“强奸犯”给予的某种感受而更寡。这一切，被藏在“耳环”的背后。

藏在背后的，还有对寡妇的同情，对虚伪文化的冷冷蔑视，对“性”的探索……

此诗给我留下太深的印象，我容易因一首诗对作者产生好奇。随之从《新世纪诗典》知道了不多的信息——“了乏：现役军人，空军，中校。”

在今年《新世纪诗典》第四季江油颁奖会议的现场，我看到了了乏，通过不多的接触，我可以用通俗小说的手法，这样描绘他：南方男人，个子不高。白净的娃娃脸上有干净的笑，气纯。穿阿玛尼服装，总是走在人群的最后面，安静得像植物，有雄性皇蛾般的嗅觉……

我调笑他说：“你也真是奇葩，在部队那样特定的环境里待20多年，还能写出《耳环》那样的诗，有没有更狠的诗发给我看看？”他对我的调笑不做任何反驳，之后给我发来一组“狠诗”。

我的调笑带着赞许，在我们这一国度里，太多的人的思维、观念、意识、审美与视觉，都被阉割得那么完整，一个诗人能保存自己多少身为人的锐利、勇气与立场……与能否写出好诗，对我而言，基本上成正比。而我所说的“狠诗”，不是带着恶狠的语气，或某种乖张戾气的诗，而是如《耳环》这样，干净利落地揭开遮蔽物，用最骨感的叙事，让我们去看到或正视遮蔽物身后的真相及存在。

农忙时节
稻草人日夜守穗
他拿来酒水
与之对饮

其间提及年迈的父母
14 岁就嫁给李瘸子的张美丽
和自己 11 年未曾归家的打工生涯
不禁泪流满面
倾身偎依
企求得到稻草人的安慰

他视稻草人为哲人
稻草人视他如草芥

——《对饮》

这首诗歌写底层人的孤独，有着刻骨的辛酸。依然是节制的冷叙述，此诗很好懂：一个农忙时节，在外 11 年不敢回家的打工仔，在酒中于稻草人面前展开自己的处境与内心——“企求得到稻草人的安慰”，这仿佛是底层人唯一能抓住的“稻草”，尽管他“泪流满面 / 倾身依偎”，他得到的结局是：“他视稻草人为哲人 / 稻草人视他如草芥”这种无依无靠，这种草根的草芥命运，被了乏狠狠地抵至了极致。

悲伤之后，我禁不住要问：是什么使底层生命面对了如是结局？

接下来读另一首写老年人极致孤独的诗《父亲从老家来，第六天》——

老父亲追着一只苍蝇跑
从厨房到大厅
从大厅到书房
从书房到卧室
苍蝇拍落下

每次都差一点点
我不忍心看他受累
抢过拍子，手起拍落，干净利索

父亲竟收起笑脸
愠怒之色溢于言表
一人回房呆坐良久
后来，我发现
他偷偷打开纱窗
又放进来一只
块头更大的绿头蝇

绿头苍蝇是生物学上完全变态的昆虫，也是我们厌恶的物类，可是父亲从老家来的第六天，孤独至要通过追打绿头苍蝇来消磨时光，这是怎样的孤独？同一屋檐下的亲人对亲人的不了解在诗里："我不忍心看他受累 / 抢过拍子，手起拍落，干净利索"，但父亲并不是真正要打死苍蝇；无法排解亲人的孤独与亲人间的隔膜，"父亲竟收起笑脸……又放进来一只 / 块头更大的绿头蝇"，一人的孤独串起群类的孤独：为什么父亲在追赶苍蝇时有笑脸而对"我"却"愠怒之色溢于言表 / 一人回房呆坐良久"？

15 行的一首诗，信息量如此之大，问题如此之多，孤独如此之深，而诗歌的气质却这样的纯。了乏像一个很善于使用长镜头的摄影师，用一首诗，把这种孤独带来的诸多问题，推向一个辽阔的背景中。

同时，无论是《突然感到伤悲》里自己对自己肌体的陌生感，还是《看着火化场大烟囱里冒出的黑烟，就像看着火车站出站口涌出的人流》里人类活着没有独立精神，死后冒着黑烟也要抱团的灵魂，都如冰凌的反光，带着冰冷的刺痛感，照着我们生活中司空见惯的某一类情感，却因各种原因成为死角的那一部分。

而让我最不想直面正视的，是下面这首诗《我们原本如此生活》——

家养的小狗死了
被三岁儿子掐死的
他很愤怒
便掐死了儿子

妻子说不要紧
我们可以再生一个
他说不，儿子太坏
我们再养一只狗

本诗里，“我们都是凶手”这一主题并不稀罕，狗不如人人不如狗这一命题也不稀罕，人的残忍性更不稀罕，稀罕的是人们处决一个生命（不管是人命还是狗命）这种野蛮、轻率、随意，这在我们生活的这个时代随处可闻；稀罕的是诗中这两人的平静口吻：平常得，平静得近乎麻木，如我们每天的生活；稀罕的是作者给出的这种平白的叙述，近乎平淡的司空见惯口吻，加上《我们原本如此生活》的诗题！是的，一个人毁掉一个生命，还在痛苦，忏悔，难过，还有救，但一个人毁掉一个生命，轻率的态度吃饭穿衣，这后面给人的绝望，惊心，让人不寒而栗。

在我个人的写作中，我认为每个题材的诗，肯定都有与之相应的叙述口吻与诗核同声同气，以使诗歌的辐射力到达最大化，了乏在这首诗歌里做到了；我喜欢一种名叫“抵达极致”的效果，了乏做到了——这里面含藏着高超的诗歌技艺，比如在物象的选择上，《耳环》里的寡妇与强奸，《对饮》里面的打工仔与稻草人，《父亲从老家来，第六天》里面的老年人与绿头苍蝇，这是作者的独具匠心；所以在我的眼里，好的口语诗人也是好的意象诗人，好的口语诗人也是好的抒情诗人，他们把意象与抒情用得不动声色。

我一直是一个无门无派的人，不存在对任何门派摇旗呐喊，我对任何形式的写作都不抱偏见之心，只是以一颗开放的心，把我觉得好的诗歌以掰开了捏碎了阅读的方式，向优秀的诗者学习诗歌技艺。

2007年之前，我也是不在诗歌现场的一个，我不知道有个叫了乏的1975年出生的人在写诗，如果不是最近两年对口语诗的接触，我也不知道怎样去欣赏这些诗；如果不是伊沙在《新世纪诗典》推出《耳环》，了乏也不会给我发来这些他打算永远压箱底的“狠诗”，我也不会用一个又一个晚上去读它们，读他在诗题上的良苦用心，读他叙述上极大的隐忍度，读他在我们看似平常的事件和情感上建立的多重寓意，使看似平凡的事件充满弹性……

写吧写吧诗人们，总有那么一天，你们的诗歌会承载自己的精神与灵魂和某些人相触碰，为之产生的火花与意义胜于所谓的诗坛与诗歌史。

读吧读吧读者们，下面这首是套中套，局中局，我们有时会像“大黄”一样，栽倒在最信任的人手里。“大黄”在此是一只狗的名字，也有信任感完全都“大黄”（黄，完蛋，终结，黄了）了的意思，这也是作者在诗体上的另一独具的用心，但愿你能读得到：

好像知道这俩人是来抓它的
大黄一大早就躲起来了
他们怎么搜寻
家人怎么呼唤
就是不出来

我放学的时候
其中一人递过来两块糖
说他们把大黄藏起来了
看我能不能找出来
这有什么难的
随即我吹了一个响亮的口哨
大黄摇着尾巴从柴垛里钻了出来

很快
专用铁钳夹住了
大黄的脖子

大黄被强行塞进黑麻袋的时候
挣扎着回头
看了我一眼

——《大黄》

目录

第二辑:雁阵衔来的钟声

第三辑:养在骨子里的波涛

第一辑：

火葬场上空的鸟鸣

对饮

农忙时节
稻草人日夜守穗
他拿来酒水
与之对饮

其间提及年迈的父母
14 岁就嫁给李瘸子的张美丽
和自己 11 年未曾归家的打工生涯
不禁泪流满面
倾身偎依
企求得到稻草人的安慰

他视稻草人为哲人
稻草人视他如草芥

惩罚

多年来
一直坚持一种习惯
越是喜爱的东西就越不买
任凭内心经受痛苦的诱惑和摧残

不是买不起
也不是不想买
只是脑海里总是浮现
人民公社供销社
在我满地打滚的哭闹下
母亲掏出身上仅有的两毛钱
低价卖掉五斤粮票
为我买来五彩的小螺号
接下来一家九口连吃三天地瓜丝的情形
现在这么做
也算是对倔强无知的童年
无声的惩罚

秩序颠覆者

我九年同窗
初二那年
学校运动会
百米决赛
发令枪响
对手如箭
劲射而出
他却猛地转身
反向疾驰
仰天长啸
从那声名远扬

高一那年
上课戴耳机听歌
竟唱出声来
还起身伴以热舞
被老师请出教室
第二天休学
远走他乡

2008 年
在武汉

再见他时
已是身价几千万
拥有 11 个眼镜店的老板
依然单身
他请我吃拉面
陪我睡澡堂
临别要帮我买车票
让我先给钱

三天前
接到同学电话
说他在老家深山
自建的寺院里死亡
身披袈裟
面目安详
身上遗书一封：
“尘归尘，土归土
还我清空”

我去过一次火葬场

翻过山岭
就看到几幢红砖青瓦
错落有致排列山前
漫山杜鹃花在背后争奇斗艳
一条细流如银链蜿蜒起伏
行人如织,穿梭其中
各忙其事,不为外境所动
偶有鸟鸣传来如银铃声声
山风迎面,恰如伊人秀发轻拂
我被眼前世外桃源般的景象吸引
不禁驻足流连
急于说出心中所想:
“今晚咱不走了,就住这吧”
话音刚落
就被老A硬拽着离开
直至三天后野营结束
才告知
那是周围五县共用
唯一的火葬场

消失的男人

他倚在墙角不停抽烟
大前天连抽三根
前天四根
昨天六根
他妻子遭遇车祸
昏迷不醒
肇事司机逃逸

今天办完父亲出院手续
我想将抽剩的半条烟给他
等了一个半小时
不见踪影

长得像人活得像猪

1998 年
我曾写过一首
题为《他们说我长得像人活得像猪》的诗
许多农民工
被城里人拍着肩膀说“长得像人活得像猪”
部分人忍辱负重就地奋起
在城里扎了根
娶了城里的老婆
如今有了城里的孩子
也拥有了城里人的优越感
他们西装革履以车代步
说城里人的话做城里人的事
俨然城里人自居
他们深怕知情者揪出来自农村的老底
总是在更多城里人面前
拍着新一代农民工肩膀高吼着：
“长得像人活得像猪”

农民工小张

谈 H1N1 色变时期
人人自危
身体稍有不适
打针吃药大衣口罩多管齐下
公职人员年假长休
自由职业者闭门不出
最高兴的莫过于不用上学的孩子们
16 岁农民工小张羡慕至极
出来打工三个多月
不曾歇过一天
也想趁感冒发烧之机
好好耍上一天
遂兴高采烈向组长父亲请假
孰料话音刚落
就被父亲一巴掌掴倒在地

我的农民兄弟

从农村出来
在我所在的城市混了几年
且混出点名堂的
大部分都看不起农民
大致都经历过这么几个阶段
首先是羞于提及农民的身份
其次是忘记自己农民的身份
再次是拒绝与农民藕断丝连
最后是侮辱谩骂农民以显摆自己
他们再后来的事情我就知之甚少了
原因有三：
一是这样的人太多,无暇顾及
二是我从不关心人类蜕变之后的生活
三是怕在他们当中碰到当初的兄弟

深夜

酒足饭饱,曲终人散
各回温暖的家
我一个人
走在人民路
踢着石子玩
我想把马路上这块石子
踢出城市
踢向村庄
即便踢到天亮

可一会我就累了
感到索然无味
我在路边坐下
点燃一根烟
看着一路上
在我脚下努力翻滚
始终保持沉默的石头
我决定
抖擞精神
把它踢回原来的地方

麻雀

窗外
品种相同,大小相当两棵树
A 树停满麻雀
B 树空空

一大一小两只麻雀
从 A 树跃上 B 树
迅即被一阵叽叽喳喳
召回

又见棕熊

同一动物园
同一铁笼子
感觉比去年瘦了
体态结实
皮毛凌乱
眼神犀利
身手越发矫健
前腿一抬一合间
接住飞自栅栏外一颗奶糖
随口嘟囔一句：
“真他妈小气”

落日

再过一会儿
太阳就会收起它的光芒
掉落山的那一边
我知道
那时候就会有风从四面八方赶来
第一个关窗下楼迎向风的
一定是我父亲
他上夜班
必须要在天黑之前
坐上风搭的轿子
循着落日
钻进平安煤矿 67 号井口

从来不看钓鱼

尤其是钓者聚集的地方
他们使我害怕
这缘于十岁的梦境：
小河蜿蜒
碧波荡漾
垂钓者激动拎杆
鱼儿狡猾
噬食后逃脱
空钩在空中划了一条美妙的弧线
径直飞进
岸边我半张的嘴

我唯一能做的

外面风大
零下 15 度
几个民工在安装路灯

我想让他们进来
喝点热水吹吹暖风
随即又觉得不合适
第一民工老板不愿意
第二同事也会不高兴

我只能踱到窗前
偷偷将窗户打开半边
果然,一些暖气蹿了出去

意外

民工老 B
模仿老 A 跳楼讨薪的做法
于昨天下午爬上脚手架
结果一脚踩空
在还没开始吆喝
人群尚未聚拢
警察整装出动之前
从 16 层的高空摔下来
死了

老B的仁慈

在古代
官吏为表仁慈
将犯人押赴刑场之前
都让吃一顿饱饭
老B也遵循这规定
每有蚊子叮上胳膊
他都按兵不动
眯着眼看着
直到蚊子吃到肚皮滚圆
欲飞不能之时
才腾出手来
微笑着
一巴掌拍死

大树上的小叶子和
小树上的大叶子

一排大树长着小叶子
一排小树长满大叶子

小叶子因出身大树
优先得到阳光雨露和赞美
大叶子因栖身小树
经常被人忽略

只有大风吹过
大小树叶脱离枝头
奔跑在大地上
大叶子才敢在小叶子面前
仰起头颅

那一刻

刚签下卖肾的文书
他就后悔了

曾令他威猛无比的器官
如今却要装在
身旁步履蹒跚的迟暮老头身上

看着老头怀里无比娇艳的女子
他羞涩又羞愧地低下了头

现场

连人带车被掀翻在地
后座的孩子
甩出两米
血肉模糊

她不哭不闹
愣站旁边
眼光追随飞速远去的车轮
似在拽回戛然而止的童谣
一张嘴微张着
像拔下钥匙的锁孔

17 层的脚手架上爬着一个人

每向上爬几步
都要停下来
回头,朝下望一眼
喝一口手中的二锅头

“既要吸引足够多的观众
让警察及时赶到
又要控制上爬速度
还要保证听清彼此喊话
更要谨防意外摔下而功亏一篑
这些做起来其实很难”
——人群中某专家如是说

黄大冒被车撞死了

我肯定
从今往后听不到他的憨笑了
吃不到他卖的粽子了
没人帮我扛煤气罐了

他扫过的马路异常干净
除了他用身体刷过几十米血印
不见一枚尘埃

光

办公室安上遮光窗帘后
果然严密多了
从外面看不到一丝亮光
但我每次都会故意开一条缝
尤其在深夜

至于这束从缝里透出去的光
像温暖的手还是像冰冷的刀
抚在或剁在谁的身上
这不是我能决定的

百变木偶人

我给木偶人变换不同姿势
摆我能想到的
已经用过或以后将用到的姿势
立正的
敬礼的
握手的
点头哈腰的
阿谀奉承的
什么都有
精彩至极
我几乎每天都要摆弄几遍
乐此不疲
我也想过
让他坐着
或者躺下歇歇
可他屁股下插着钢钎
根本坐不了
也躺不下

我搬起石头砸向它的头

傍晚的健康街
一只小狗
后半身被车轮碾碎
趴在路中央
它还活着
呼救声虚弱但坚定

我把它抱到路边草丛
前行二十米
又走回它身边
搬起一块石头
砸向它的头
就像电影里演的那样
在敌人围上来的危急关头
掏出枪对准重伤战友脑袋
“啪”地一声
干脆利落

看着火化场大烟囱里冒出的黑烟，就像看着火车站出站口涌出的人流

实际上灵魂是各自独立的
就像躯体一样
之所以从大烟囱出口看到的
是一团团连绵的无法分割的黑烟
那是因为
灵魂和灵魂挤在一起
抱成一团
潮水般倾泄而出
他她们生前习惯了左冲右突奋勇直前的生活
死后仍然害怕
抢不到通往天堂的座位
被风吹散在荒野

老 K 下岗第一天的下午

一只苍蝇
六脚朝天
挣扎着想翻身
翅膀拍打地面
不停发出嗞嗞的声音

老 K 双手托腮
整个下午
目不转睛盯着苍蝇
眼里透出
幸灾乐祸却又无限爱怜的光
使我一次又一次打消
走上去对着苍蝇抬起脚的念头

杂技演员

一只蜘蛛
借助细丝
悬在半空
爬上爬下,飘来荡去
如是反复几次
“啪”地砸在地面上

这使我想起
死去多年的三叔
他在城市高楼
光滑明亮的玻璃幕墙外
爬上爬下,飘来荡去
城里人称之为蜘蛛人或壁虎
而我始终相信
他是技艺高超的杂技演员

她把自己当作一只马桶

找不到甲胺磷
她拿出洁厕灵
举过头顶
使劲摇晃
就像刚刚摇晃
给孩子冲好的奶粉一样

（注：甲胺磷为一种液体农药，农村妇女常用来口服自杀。）

又写到蚂蚁

我不明白为什么突然又想到蚂蚁
进而产生再为蚂蚁写首诗的冲动
我发誓
这次要写的蚂蚁
跟人无关
跟生活无关
写的是纯粹的蚂蚁
高尚的蚂蚁
脱离了低级趣味的蚂蚁
活生生的蚂蚁
一声不吭的蚂蚁
拼命干活的蚂蚁
即使窝被人捣了
兄弟姐妹被人碾了
也不反抗的蚂蚁

我是 A0083

进银行
取号
坐下
等候
喇叭叫我去一号窗口
我没去
而是把机会让给
A0084
A0085
A0086……
他/她们很大方
不停送我“谢谢”

大厅保安似乎有些羡慕
进而妒忌进而愤怒
先是偷偷瞄我
后来在我周围转悠
紧盯我手中装着花肥的黑袋子
时不时将对讲机凑向嘴边
终于
按捺不住
在等候席上仅剩我一人时

举着假警棍径直向我走来

恰时
老婆自家中取银行卡密码回

云海

相较泰山黄山
弥陀山的云海更浓更厚更壮观
但这些并不重要
我主要是去看表演
每天晚上
朵朵骷髅云会集中在山峦间的中央舞台
或哭或笑或唱或跳
看得我如痴如醉,不能自拔
好几次想参与其中
都被亲友们狠命拉回

一朵骷髅云对应一个演员
它们全部来自山下火葬场

老W真的死了

我曾两次写过老W的死
最后他都活过来了
第一次是打架斗殴,被刺穿肺叶
第二次是强奸婶子,被村民暴打,昏迷四天五夜

这次真的死了
被货车拦腰碾断
跟上两次不同
这次我是亲临车祸现场
亲手探了他呼吸
确定没有活着的迹相
我才长出一口气
放心写下这首诗

坐地分赃

老A肺癌晚期
我们去医院探望
谈论家庭、事业、朋友及人生种种
像提前召开追悼会一样
主要是回忆老A的好

老A深受感动
决定死后再为朋友们做点好事
愿意将身上尚好的器官捐给我们

对老A的慷慨
我们表示赞赏
最终
老B要了肾
老C要了心脏
老R要了肝
老K要了假肢
而我
在争取心脏无果的情况下
要了他那双近视千度的眼睛
以换下自身动不动就流泪
曾无数次陷我于尴尬的双眼

看病记

老婆半夜痛醒
老公骑三轮车载她去医院
医生:“哪里不舒服”
老婆:“头痛”
医生:“做个 CT 吧”
老婆:“胸有点闷”
医生:“哦,再做个心电图”
老婆:“胃有时不舒服,老是干呕”
医生:“那做个胃镜看看”
……

这时,老公悄悄弯曲食指和中指
慢慢伸到老婆大腿内侧
夹住一块肉
使劲一拧
老婆“啊”地一声
回头看了老公一眼
迅即转向医生,连声叫道:
“医生医生,现在不痛了,别开单子了”

埋

一个漂亮女人递过来 100 元
扔下一个包袱
让扫大街的老 Q 帮忙埋了

老 Q 很高兴
先是哼着小曲在路边挖了一个坑
然后站在三米之外
将包袱准确投进坑里

可能用力过猛
包袱松开
露出一个婴儿脑袋

老 Q 毫不慌张
迅速扫来一堆落叶盖在上面
然后,若无其事地拿起铁锹

幻

夜半惊醒
倚窗抽烟
发现对面五楼窗口挂着一个人

尽管我知道
那是邻居晾晒的几十串香肠
可此刻在我看来
真像一个人
且越看越像
像极了刚才梦中
跳楼自杀的张美丽

阿弥陀佛

与虔诚佛教徒谈论生死轮回
一只苍蝇不知好歹总来叨扰
被我一把兜入掌中
重重摔在地上
佛教徒大呼罪过
双手合十念念有词

倏尔他发现
苍蝇在原地挣扎
“它只是摔晕还未死!”
不由喜出望外,喊出声来
并迅即上前
补上一脚

窥

对面窗口
白影一闪而过
勾起我兴致

那是幢空楼
因为闹鬼
五六年无人居住
最近却热闹起来
成为男男女女
偷情野合好去处

闲来无事
我就蹲守窥探
总能看到热烈刺激场面
有时两个人
有时两只鬼
如果运气好
还能看到一人一鬼的精彩表演

嬗变

一只癞蛤蟆
卧在路中间
挡住我去路

在童年
我见过
更多更大更丑更凶的癞蛤蟆
经常抓来
往肚子里灌满水
用脚踩
或是灌满汽油
用火烧

而此时
面对眼前这只温顺的癞蛤蟆
我竟手足无措
只能躲在远处
扔石头,拍树枝
直到它嗤笑着
蹦进路边草丛

人性本恶

乡间马路窄
仅够俩车并排通过
一男子路边睡

我停车
让他起来
告诉他危险
他起坐
怒目瞪我
躺下复睡

翌日
驱车巡察
男子睡觉之处
竟无碎肢或血迹
失望之念
顿起

枯

窗前一棵树死了
工人正把它锯倒

突然有些愧疚
这些年来
只关注远处的鲜花
忽略了它的存在
连它的生日、死因
曾经的美丽
都一无所知

想跟它道个别
问一下它的名字
它已被工人拖着
走出很远

失而复得

我把单位发的鸡鸭鱼肉
折价卖给小区门口礼品回收店
换回两条中南海
一箱二锅头
并告诉老婆
单位发的

第二天回家
老婆兴奋告诉我：
我用你带回来的烟和酒
添上 69 元
从礼品回收店换回一些鸡鸭鱼肉

分居

一对中年夫妇
站在一堆新墓穴中间
为自己百年之后挑选安身之所
男的喜欢热闹
要选靠近马路位置
女的则嫌离马路近太吵
想选僻静的半山腰
为此俩人争执不下
闹得面红耳赤

最终结果是:
男选马路边
女定半山腰

爱情故事

午夜时分
河边
劫犯抢女人包
推搡之下
女人失足落水
大呼救命
劫犯见状
跳入水中
将女人救起
后被女人指控
扭送派出所
民警问他:
为何不跑反而救人
他回答:
只为谋财,不想害命

事过半年
劫犯与女人结婚
引起关注
媒体欲采访女人
女人微笑着
婉言谢绝

猎

他嗑着瓜子
躲在树后
偷看广场打架的男人
脸上似笑非笑的表情令人厌恶

我坐在他身侧十米远的台阶看他
似乎也有着类似的表情
和阴谋得逞后的喜悦

我突然有所警觉
猛地回头
即便身后空无一物
还是感到
一阵凉风快速掠过脊梁

了乏

百度“了乏”
用时 0.068 秒
相关信息 15500000 条

仔细一看
与我真正有关的约百条
其余说的是
这个世界上
累了乏了的人
累了乏了的事

敬佩

他来视察乐队排练情况
我们卖力合奏《拉德斯基进行曲》
之后指挥请他讲话
他清清嗓子振振有词：
“很好听,很流畅,很有气势……”
当他说到
“那个圆号可能有些紧张
把其中一个‘6’吹成了‘5’”时
我后背猛地发凉直冒冷汗
敬佩之情油然而生
我不是敬佩他灵敏的耳朵
而是敬佩一个连简谱都不认识的人
在一群专业玩音乐的人面前
所展现的胆量

飞

每天想的最多的是关于飞
怎么飞到树梢、飞到屋顶
怎么飞进对面那扇敞开的窗
怎么像鸟一样飞到高空
飞到故乡看看母亲
怎么飞到常人到达不了的桃花源
想着想着就觉得自己真有一对美丽的翅膀
真的能飞
每到那时
总有抑制不住想飞的冲动
于是我就会走出办公室
向二十九层的楼顶走去
而那里通常会有一把锁
或一个保安

一个硬币滚进窨井

一个硬币
从裤袋里蹿出
滚下斜坡
滚向马路
滚进张嘴的窨井
就像一个人回家一样
轻车熟路

张嘴的窨井,滚动的硬币
敞开的家门,跳跃的孩子
这想象极具童话色彩
令我颇感得意
进而一股暖流涌上心头
环顾四周
人群匆忙,人声鼎沸
他们多年与我同处一个城市
第一次让我有了亲人的感觉

在 219 病房

梦中醒来
死一般寂静让他害怕

他拧开水龙头
让水滴一滴一滴滴在不锈钢脸盆里

嘭嘭的滴水声应和着心跳
他感到从未有过的踏实

今夜酒醒何处

半夜酒醒
头痛欲裂
周围一片漆黑
不知身在何处
伸手探身边
充气娃娃不知去向
取而代之
一具女人胴体
成熟饱满

紧闭双眼
继续沉睡
翻转身
伸出臂
探出腿
将女人紧紧兜围

旭日东升
灿烂无比
透窗而入的阳光
照着一张陶醉的脸
也照着
怀中白花花的马桶

一家三口

“嫁给你倒了八辈子大霉”
她挥舞着扇子
大声复述以上开场白
一对大奶子在薄如蝉翼的T恤里
蜿蜒起伏
说到激动处
踢开马扎,起身躲进厕所
门,“啪”地合上

他沉默不语
专心致志给电扇涂润滑油紧螺丝
不时拿起遥控
调大电视音量

三岁的儿子倚靠沙发
收起画了一半的彩虹
低头用橡皮狠命擦拭
脚踝处胎记

跑

他放下电话撒腿就跑
400 米,800 米,1200 米
2000 米,3000 米,5000 米
差点就跑到妻子病榻
差点就抱到年幼的儿子
"集合点名"
一声尖哨把他拉回现实
瞬即,他从操场跑向厚重的铁门
消失在灰色高墙内

只有我是一枚钉子

有句话大致是这样的：
“当你手里只有一把锤子
所有东西看起来都像钉子”

环顾四周，果真如此
那么多人
挥舞锤子砸过来
让我对
再坚硬的墙
也充满信心

叙述

这个靠祖业发家的大款
闲来无事,弃商从文
我并不觉得惊讶

这个初中毕不了业只会赚钱的社会名流
两个月写出百余首老学究们吹捧的朦胧诗
和十几万勉强称之为小说的文字
我并不觉得惊讶

这个人脉活络出手大方的生意精
俩月后光荣加入中国作家协会
我并不觉得惊讶

这个深谙体制之奥妙的能人
向我传递如上消息时
脸上呈现极大满足、炫耀和兴奋
我并不觉得惊讶

这个财大气粗的土老帽
要打入中国作协高层
并担当招安重任
扬言先朝草根诗人开刀

我并不觉得惊讶

这个把我称为兄弟无所不能的胖子
向我展示家奴
几个立身民间为我敬重的先锋诗人赫然在座
且极尽所能百般阿谀
长叹之余
我并不觉得惊讶

屠宰场

成批成批拉来的牲畜
无论在路上怎么叫嚣挣扎
到这里之后
都变得异常平静

这些待宰的生命体
在死亡面前表现出来
与人类一样的温顺麻木
令我脑海突然浮现某个历史片段
我心猛地一震
随即狠狠抽了自己一巴掌

第二辑：

雁阵衔来的钟声

春天

我并不认为
春天
是被和煦的暖风吹过来的
是从泛绿的柳梢冒出来的
是被萌动的小草顶出来的
也不是七涟八漪的水纹拼凑的
更不是七嘴八舌的候鸟叼来的
我的春天在母亲那里
只有母亲
下得床来
和往年一样
把残雪扫到屋后
刨开大地
随便种下一点什么
然后拿起电话
告诉我春天来了
我的春天就会真的来了
且来势凶猛
不可阻挡

雁阵

一群大雁
排着长队
从北方来
到南方去
它们在我透过窗户的视线里
停留时间很短
一共有几只
捎来了什么消息
为什么排着长队秩序井然
具体从哪里来
要到哪里去
哪里是最终的家
是否一家人或是整个家族
有没有行李
会不会有成员掉队
掉队的现在在哪
会不会忧伤
会不会在深夜哭泣……
这些问题
还未来得及问出口
它们就消失得无影无踪

雨滴

一滴两滴三滴四滴
啪啪啪啪
玻璃窗上来了四滴雨点
不是五滴或更多
不是三滴或更少
我发短信告知了
喜欢雨
把“4”奉为幸运数
远在天边的张美丽
她说:“我在上班,你真无聊”

我没敢再给她发短信
所以
这四个雨点
怎么透明
怎么澄清
后来怎么开出梦幻般的花
怎么被我用眼光连成一个十字架
烙在2007年8月23日下午的坚硬玻璃上
她至今
乃至永远
都不会知晓

老柳树

风不至,树不动
风至也不动
一棵老朽的柳树
戳在河边多年
只剩枯败躯干
无法表达风的存在

明早就要被铲走
它极力释放体内积攒的风
试图唤回一些
郁郁葱葱的岁月里
腰肢乱颤的妩媚
却始终未能挣脱
“心如止水”的咒

钟声

山上千年古寺
香火不断
钟声不绝
山下听钟娃
在钟声里
长成迟暮老人

他有一对好耳朵
一生只为听钟
刚开始听动静
后来听高低
再后来听钟声传送的距离,途经的地方
现在他听唱钟人
钟声一入耳
便可知
或男或女或老或少
或喜或悲或笑或哭

万籁俱寂

只有在万籁俱寂时
才会打开窗户
那时通常会有我无法知晓的声音或事物
等在窗口
它们总是虚无缥缈却又真实存在
静悄悄
仿佛蛰伏于记忆深处的某种倾诉、某段缘事
令人不忍惊扰
因此,我的窗口
每次都是
轻轻地打开
再轻轻地关上

诗

早上起床
叠好被子,打开窗
坐在电脑前写诗

每写好一首
我就把眼光投向窗口
那里通常会坐着我不同的客人
有时阳光,有时风,有时雨滴
有时是一只漂亮的瓢虫

无论是谁
我都一视同仁
认真地把刚写好的诗念给它们听
而它们总是会很真诚地点点头

阴谋

光膀子在屋里晃荡
把痰吐在地板上用脚碾干
臭脚丫摆在茶几上
任何物件都当烟灰缸
每顿三两二锅头
电视声音比雷响
……
——老婆眼中干净、自敛、绅士的老公不见了
这突如其来的变化令她很恼火
三天两头跟我吵架
中间还回过两次娘家
现在,对此已熟视无睹
这令我很开心
心底涌动阴谋得逞后的喜悦:
父亲答应一个月后
来我家住一段时间
我得提前让她适应
父亲保留几十年的习惯

回乡偶记

没有星星,没有月亮
路灯也没有
这个习惯早睡早起的村庄
万家灯火皆已熄灭
黑夜死寂
半夜醒来如置身墓穴
犹豫许久
最终打消开灯的念头

鸽子

洁白的鸽子成群结队飞来
停在草地,走在眼前
飞上米立肩膀和手臂

一岁半的米立并不害怕
伸出小手一只只抚摸
咯咯笑着将手中玉米颗颗分发

夕阳停滞不返
清风轻柔吹拂
米立的身影在鸽群中穿梭

我突然有些感动
若不是不经意看到身后塔状的鸽子笼
真想把她永远放在鸽群中

糖醋栗子

本不想买栗子
只是觉得卖栗子女人像多年未见的同学
便凑上前去

“黑牡丹”
我试着叫出她上学时的绰号
她猛地抬头瞥我一眼
迅即收回目光
随手抓起两个滚烫的栗子
塞进正要递过来已装满栗子的纸袋
然后低头
拿起铲子
把满锅栗子
捣得“嚓嚓”响

心事

地面落满花瓣
有自行脱落
有风雨击打
有强行摘下

我不道破
你们无法辨识
自然也就不会明白
它们各自怀着怎么的心事

孔雀东南飞

春节刚过
她就扑棱着翅膀
飞往南方

气温上升
冰雪消融
节日里
我们用石头堆砌在虞河冰面上的
房子、孩子、爱情
纷纷沉入水底
发出“疼疼”的声音

父亲从老家来,第六天

老父亲追着一只苍蝇跑
从厨房到大厅
从大厅到书房
从书房到卧室
苍蝇拍落下
每次都差一点点
我不忍心看他受累
抢过拍子,手起拍落,干净利索

父亲竟收起笑脸
愠怒之色溢于言表
一人回房呆坐良久
后来,我发现
他偷偷打开纱窗
又放进来一只
块头更大的绿头蝇

井

一口深不见底
因水质甘冽而远近闻名的深井
终因张美丽的纵身一跃而荒废
那个院子也成为母亲们以恐怖的名义
为各自孩子划定的禁区
我曾以母亲赏赐的满身鞭痕为代价
偷溜进去趴在井口看过自己的倒影
也因此成为村里的坏孩子
现在,我和母亲坐在井边
说起云烟般童年往事
说起这口深井
二十年来曾令我无限恐惧的深井
显得如此孤独可怜
井内填满枯枝败叶
井口在杂草中挣扎着睁开
仿佛母亲那双流尽泪水的眼
乞求我靠近

见血封喉

终于见到传说中的见血封喉
一棵参天古树,枝繁叶茂
被铁栅栏紧紧守护
身上刀痕累累
想必千余年来被取过汁液无数

当漂亮女导游轻启朱唇
慢声细语介绍其毒性之烈及用法之险恶时
我正拟摘取一片叶子
做成声音悠美的叶哨
而身边的张美丽
下意识捂住了
手腕上的老伤口

绞杀树

一棵树
紧紧抱住另一个树
枝条交叉缠绕
无法分开
像一个人
抱着另一个人
生死相依

我停下脚步
莫名感动
想必我把这当作
忠贞爱情的见证了
以至于旁边白底红字写着:
"……一棵树杀死另一个树
需要几万年,乃至几十万年
科学上称这种现象为'绞杀'"的牌子
被我当成了招徕游客的广告

从老家回潍坊前的那个夜晚

除了带够母亲自制的土特产
我还让二哥挖了许多
含羞草、滴水观音、剑兰
这些老家遍地疯长的草
在我居住的潍坊
都是难得一见的宝

母亲低头为我收拾行囊
几度欲言又止
我递给她一支烟
转身出门
这些植物习性潮湿
不习惯北方的干燥
我得多备点屋后的黏土

茅草

父亲坟头
茅草锋利
划破我手
鲜血溢出

二哥递来镰刀
被我拒绝
他不知道
那是父亲的手

据说他曾经拥有完美的爱情

据说他精神失常
据说他流浪街头无家可归
据说他兜里藏着女人照片
据说他整夜整夜徘徊在弥河边
据说他半夜砸碎玻璃
闯进女装专卖店
扒下塑料模特的裙子
嚎啕大哭不止
据说他被警察带走时
嘴里不停嘶喊着“苏小倩”

呻吟

山顶有寺庙
山脚有教堂
老死不相往来
各自的信男善女
也横眉冷对各行其事
其中包括三对夫妻

事实上
寺庙和教堂从未停止过联络
隔三差五会有钟声想起
此起彼伏,遥相呼应
远远听来
像一对情侣
受尽相思之苦的呻吟

完美

给四岁侄儿买了包饼干
掏出一个咬一口
侄儿大哭
无论怎么劝说
或重新买几包
都不愿意
只要我把咬开的变回原样
急得我满头大汗
求助于哥
哥笑着对侄说：
“你把头别过去
爸爸变给你看”
他把残缺塞进口袋
掏出一块完整递给侄儿
侄儿回头找了一圈
破涕为笑

美人计与空城计哪个厉害

校园三十六计广场石雕
呈书页状翻开
其中一页
左刻美人计,右凿空城计
两者紧紧挨在一起
我在想
如果诸葛亮抚琴演空城时
身旁一绝色美女
对着司马懿挤眉弄眼,搔首弄姿
不知结果怎样

粥

她每天变换花样
往大米里加小米、加绿豆、加糖
加高粱麦芽红枣
加各类水果和时蔬
她说这样熬出来的粥
颜色才好看
营养才丰富
老公才爱喝
生活才精彩
直至 2011 年 4 月 16 日晚
她微笑着
加进去一瓶砒霜

只要有风

只要有风
他就会长时间倚在窗口
注视窗外那棵
长得像长发女子一样的柳树
随风轻轻摇晃

即便夜色完全吞没视线
即便看到的只是玻璃中自己轻轻摇晃的影子

小记事

他每天都会来回经过丽娜美发屋无数次
每次都以打手机为掩护偷偷向门里窥探
店里姑娘们每次都很敬业地向他微笑招手
而他每次都是视而不见
傲慢得像一只公鸡

万里无云的天空下飘着朵朵白云

我曾当面毫不留情嘲笑过
写下“万里无云的天空下飘着朵朵白云”的诗人
一个酷爱诗歌的发小

现在躺在“风吹草地现牛羊”的坝上草原
躺在白云般悠悠飘荡的羊群身边
抬头望着万里无云的蓝天
心如针刺般疼痛
为自己当初的乖戾和无知疼痛

我会带着这诗句回去
当面向他道歉
尽管他不写诗已多年

凌晨两点，文化路上

这棵是樱树
这是狗尾巴草
这堆是狗屎
我一一叫出它们名字
我在它们身旁坐下
它们是我今晚的伙伴

风吹过来又吹过去
怜惜地看我
令我感动
一辆小车尖叫着急驰而过
没有再回头
我突然觉得
里面坐着的是你

夏夜

夜深人不静
雪花在电视里飞

楼下烧烤摊
有人摔酒瓶打架

对面裸体女人
在半透明窗纱里若隐若现

他像个幽魂飘来荡去
鸡爪在泡面里竖起中指

夜

一只烟吸了一半
搁在烟缸
当我再发现时
已成一截灰

突然想让时光倒流
我会始终把它夹在指间
陪它走完一生

不为安抚事物消逝时的落寞
只为感知
灰飞烟灭的过程
到底能让我心有多萧瑟

哭声

夜半
被哭声惊扰
醒来后却安静异常
复睡哭声又起
后来证实
哭声来自梦中
一位被车祸夺去性命的母亲
对世上小儿的思念
她说经常在儿子面前徘徊
儿子对她视而不见
说这些话的时候
她就伏在我窗外
我喊她妈妈
她没答应
我打开窗
让她进来
她说什么也不肯

月光

木偶人偷偷长大
从桌上走下来
她喝了一口水
照了照镜子
穿上我的衬衣

她在窗前站了很久
就像往日的月光那么久
就像一朵玉兰花绽放那么久

后来她在我身边躺下
我们相拥聊天
我说她像我初恋情人
她说我偷了她前世的骨头

桃花

没有任何征兆和理由
突然想到一朵桃花
夜幕低垂的傍晚
我认定它真实存在
只因怯于冬天的寒冷
偷偷藏匿我心
它的出现令我欣喜
不再孤独
无论它娇艳欲滴
或是遍体鳞伤
我都会尽可能
让它开得纯洁
开得长久一些
如果它有意现身
我会毫不犹豫
赋予它呼吸的本能
让它自由自在
或笑或哭

灯火阑珊

他走在风里
像一阵东倒西歪的风

他坐在妻子墓碑旁边
像另一块墓碑

他抚摸墓碑上的文字
像和上帝对弈

故事

孩子们手牵手
说说笑笑走出幼儿园
我突然发现
妻子也在其中
她每走一步就长大一点
走到我面前
正是结婚时模样

我把看到的当故事回家讲给她听
她抬头
非常严肃告诉我
要走回去重来一次
我问为什么
她说把芭比娃娃落在幼儿园滑梯口了

拔草

每天
他都会去种满麦冬的园子里拔杂草
刚开始拔得多
后来慢慢少了
到最后一根杂草也没有了
他就守着麦冬晒太阳打瞌睡
再后来
他买来一些草籽
洒在麦冬里
他又开始拔草了
那时候春天刚刚开始
他种下的草
有的刚刚冒芽
大多还在沉睡

罪证

我斟字酌句搜肠刮肚
在粉红信笺上为你写下第一首诗
连同一枝娇艳的玫瑰
偷偷插在你后窗

这件我曾经认为
一生中做过的最浪漫的事情
在多年以后
被你当作罪证
一次次呈上
苦难生活的公堂

耳环

寡妇杨小莲被强奸后
沉默无语
连续三天把自己关在家里

第四天夜里
邻居看到她幽灵般出现在强奸现场

“你怎么还敢来这”
“我,我找耳环”

淡花领带

我有一个柜子
用来存放值得珍藏的物件
它们在我生命里都曾扮演过重要角色
每一件都有一个或喜或悲的故事
这封信记录了初恋的甜蜜
这枚戒指见证我与妻子的爱恋
这支钢笔是父亲送我的礼物
这个酒壶来自西藏一好哥们儿
他去年死于车祸
这把小号开始生锈
像我的大学时光
这个顶针是奶奶留下的唯一记忆
这条淡花领带呢?
毫无疑问,它同样也曾拥有一个故事
可我却怎么也想不起来
每次看到它
我都会感到愧疚自责
进而想把它拿出来
就像罪犯清理犯罪现场一样
把这个死去的故事连同它身上甲虫尸体拿出来
却总是下不了手

冰锥

四天了
窗外屋檐下的冰锥仍在看我
瞪着某个人的眼睛
温柔看我

它消溶自身,以给我
这个冬天逐渐变暖的暗示
我拼命想一些过往的美好事物
好让自己轻易相信
春天,真要来了

剜

你走后
我每天一杯烈酒
一块大肉
坚持不懈

亲爱的
已经十九天了
身上的肉快吃光了
你再不回来
我就只有剜心了

恰似你的眼神

一只白猫躺着晒太阳
一只黑猫跑过去吻了它
还俯首说了几句话

关门声太大
黑猫迅速逃离
我从白猫眼里
看到熟悉的羞怯和尤怨

张美丽

与老师勾搭
被师母捉奸在床
被学校除名后
跟随同村李大庆去深圳打工
七年后
李大庆摔死在工地
她只身带三个孩子
回村继承父业经营一间豆腐坊

我说的是张美丽
高中同学
当年暗恋对象
一年前同学聚会上见到她时
曾经那个貌美如花的少女
已变成名副其实的豆腐渣
席间,同学向她透露我的秘密
她感动至极
偷偷跑到外面
大哭一场

之所以旧事重提
是因为

同学打来电话告知
她于昨晚在家割腕自杀
面色安详
同学还说
在她身边不停抹眼泪的大女儿已经长大
酷似当年的她

深秋

一片绿油油草地
一条蜿蜒小路
小路尽头一间小屋
小屋门前一棵大树

多年来
从未更换过的电脑桌面
突然有了变化
大树的树叶转眼泛黄
纷纷脱离树枝
漫天飞舞
瞬间掩盖草地小路小屋

适时,午夜 2 点 19 分
我从梦中的深秋里逃遁

炊烟——爷爷十周年忌

老屋多年无人居住
爷爷却时常看到有炊烟升起

爷爷,我当年不信你说的话
还冲你大吼
说你老糊涂

爷爷,现在我就坐在你坐过的桥头石墩上
真的看到有炊烟
从老屋的烟囱里升起

爷爷,炊烟是很美
但不像你说的奶奶坐着莲花去看戏
而是你叼着烟斗在抽烟

易碎品

母亲在镜中向我微笑

我点燃一根烟
递过去
咳嗽声迅即响起
仿佛要击碎镜子向我刺来

我急忙伸手
抱住镜子
抱住母亲——
这个易碎品

深涧

我和老 K 飞跑上山
将一块写满“张美丽”的大石头推入深涧
我们约定
谁先找到石头
谁就娶张美丽

我原路下山绕道深涧
老 K 则顺着峭壁往下爬

结婚当天
我将此事告知张美丽
她撕下婚纱
疯了似的往深涧跑

而那时的老 K
早已摔成肉浆
被我埋在“张美丽”底下

画面

一个小女孩
在冰冷水泥地面上画了一个母亲
然后小心翼翼脱下鞋子
爬到母亲胸口
安稳睡去

我常常盯着窗前的大树发愣

鸟妈妈将儿女
一只只拖出巢
扔下树梢
三只扑楞着小翅膀
飞上屋顶
两只摔死在地面

这是多年前
电视里看到的镜头
当时觉得鸟妈妈太残忍
后来觉得鸟妈妈真伟大
而现在旧事重提
旨在告诫自己
可以对身边的现实熟视无睹
但不能忘记
曾经悸动的瞬间

给父亲——三十年祭

昨夜醉卧沙发
父亲告诉我
天冷
想喝点酒暖暖身

我十岁那年
父亲死于高血压
在我年轻懵懂的岁月里
父亲给予我唯一的记忆
是临终前的那个下午
被一家人称之为酒鬼的他递过来六毛钱
让我去人民公社打半斤白酒

我用这个钱
买了弹弓、鞭炮和一大堆零食
带领小伙伴窜进后山竹林
直至太阳西沉

我是在父亲出殡的第二天
学会了喝酒
后来越喝越多
现在每天都离不开酒

我自始至终认为
这些酒都是替父亲喝的
是在还欠父亲的债

这些年父亲经常出现在我梦里
但像昨晚那样
主动问我要酒喝还是第一次
所以
我会在今夜
送很多酒票子给他
如果他愿意
我还可以祭上自己——
浸透酒水的躯体

山洪过后

襁褓中的孩子
躺在竹篮里
顺水而下

他睡得正香
嘴角抿着笑
据此我断定
他睡前曾得到母亲的亲吻

因此我原谅了这位弃子的母亲
也原谅了这场肆虐的山洪

深夜抽烟的人

突然发现
对面漆黑的窗口
也有人在抽烟
微弱的火光明明灭灭

他迫不及待又点燃一支
猛吸一口
将夹烟的手探出窗外
像是投出熟识的暗号

火光此起彼落
在两个窗户间欢快传递

偶有一方停止闪烁
对面便会传来一两声咳嗽
像是催促

抽屉

每一个上锁的抽屉
都藏着或珍贵或重要或见不得人的东西
因此,我对它们
既有窥探的冲动
又敬而远之

作为抽屉的主人
其想法也无非如此
在一个个深夜
端坐其前
既有打开的意愿
又有回避的决心
他们既想重温旧事
又怕被人知道秘密
更多的是担心
那些东西铭刻着的一个个带血的故事
一跑出来
就不愿再回去

黄昏

我总是想
你会从窗口飞进来
从柜子里钻出来
从墙中蹦出来
从我的口袋里探出头来
实际上你做到了
你是自由的
在我房间里
在我心里
你随心所欲,为所欲为
你赐予我涌动的河流
却要我坝台高筑
你让我扮演一口钟
却抽走我敲击的手
在你俯身祈祷的庙宇
我始终是那个静立身旁
敲着木鱼佯装心如止水的小沙弥
期待在一缕清香中
被你超度

卫兵

夕阳西下
古朴深沉的三元寺
越发神秘

左右两排
高矮大小一致
整齐划一的杉树
如两排卫兵
目光炯炯
来回逡巡

它们一边观察着同伴
一边压制着生长的欲望
一次次逃过
因“冒顶”而被砍头的危险

猫

一只猫
如果表示对你友好
除了冲你轻声“喵喵”之外
还会用毛茸茸的尾巴
轻轻扫你小腿

今天在湛山寺脚下
见到的那只花猫也不例外
在我赏予一片牛肉干之后
便围在我身边
不停用尾巴扫我
可能它是忘了
它的尾巴已被截断
出于本能
那根只剩下不到五厘米
露出尖峭白骨的断尾
依然左右摆动
一次次刮过我裸露的小腿
虽感到刀扎般疼痛
仍不愿将小腿抽回

第三辑：
养在骨子里的波涛

刻在墙上的张艳红

这个名叫张艳红的女人
这个在早晨地铁口被我遇见的女人
这个刻在人流和风中的女人
这个将墙壁披在身上的女人
这个被人念着爱着的幸福女人
这个被来来往往的眼光擦拭无数遍的女人
这个不知道快乐忧伤的女人
这个将随时间一起斑驳的女人
这个我永远都不知道是谁的女人
突然间
让我对她和在墙上写下“张艳红我爱你”的男人
心生妒意

北京

刚回到潍坊
北京就像我走过许多不知名的地方一样
被我扔到记忆的荒野
且那么决绝
不因它是祖国的首都
不因它陪伴我半年时光
不因结识许多朋友
不因曾留下难以抹灭的欢乐忧伤
而稍显犹豫
现在
之所以
提起北京
是因为蜷缩在抽屉角落里
一张薄薄的公交卡
走时来不及退
里面还有 20 元押金
和余额 7.2 元

相思鸟

据说相思鸟的叫声优美动听
我买了两只关在笼子里
鸟不叫

卖鸟人让我再买一个笼子
把鸟分开
鸟不叫

卖鸟人让两个笼子离得远些
鸟不叫

卖鸟人不让两只鸟彼此看到对方
鸟还是不叫

卖鸟人说我可能恰好买到一对冤家
我信以为真
便不予理睬

三天后
一鸟死于笼中
另一鸟叫声清脆响亮,持续不断
分不清是欢呼还是哀鸣

我讨厌这样的天气

天异常阴暗
轰隆隆雷声响了一上午
原以为会有倾盆大雨
淋漓尽致
孰料到了中午
才象征性滴了几个雨点
便转阴为晴
当地人对“雷声大雨点小”的天气见怪不怪
照常出游、逛街、购物、会客
唯我以要下雨为由
推掉一切活动
躲在宾馆里
靠电视里性病广告
消磨时光

外交

同学自美国归
聚堆畅饮
我像众多既羡慕又忌妒
既心仪又刻薄的中国人一样
问及一些两个不同世界里
不同的人与事
她也很配合
也像众多在国外混过几年
回来后奋笔疾书的海归一样
慢慢倾倒幸福与感叹
她讲得蜿蜒起伏
我问得小心谨慎
我们都深怕触及某根敏感的神经
终于
在旁人提醒下
我们长嘘一口气
友好而满意地结束谈话
像结束一场硝烟四伏的外交会晤

家园

再往前走
就能看到争相开放的木槿
碧波荡漾的河
和河边用微笑钓鱼的人们
这是虞河公园的一小部分
以此为基点
向北走
拐上樱前街
绕回家
刚好天黑
如果向南转
路则长一些
也安静些
鸟语花香多一些
一直走
走到天黑
便会看到长得像房屋一样的一片墓地
挨卧在绿荫里
若是恰好碰上天上有月
清风轻拂的好天气
还能听到
里面传出低低的话语声

小女米立噘着小嘴一张一翕
饶有兴致地模仿着
鱼缸里一条鲤鱼的呼吸

我放弃了吃水煮鱼的念头
转手指向另一边鸡栏里
一只活蹦乱跳的公鸡

黄鹂

因迁居另一城市
不得不放飞笼养一年的黄鹂
它扑棱翅膀飞上对面屋顶
随即又飞回笼边
再次将它抛向天空
如此反复四次
它终于像一年前一样
飞上被我捕获时的树梢
回望的眼里
露出对自由的恐惧
和眷恋铁笼的光

钓鱼

夜幕降临,风声鬼魅
河边霓虹斗艳
我坐在虞河冰面上
在凿开的冰洞里钓鱼

我要再钓一会
我已钓上鱼老公
不能让鱼老婆
独自寂寞活着

乐者

一断腿乞丐趴跪在闹市
斜眼瞄向人群
每经过一人
他就拿筷子
敲一下面前的钢盆
像奏响一件乐器

咖啡杯上的唇印

咖啡杯上有唇印
说明这杯咖啡被人喝过
唇印为红色
说明客人涂着口红
唇印很小
说明她有一张樱桃小嘴
杯边放着本店自制的砂糖
说明她是熟客
喝剩的咖啡冒着热气
说明她刚离开不久
现在是午夜两点四十三分
这么晚还独自来喝咖啡的漂亮女熟客
不是小梅就是韩佳
小梅三年前在居住屋接客时
被六个男人轮奸后毁容
韩佳两年前染上艾滋病返乡
音讯全无

雪一直下

早上醒来
雪已在下
一直下
从上午到下午
从下午到晚上
不停地下
安静地下
无聊地下
轰轰烈烈地下
现在是午夜一点十三分
等到什么时候不下了
我就离开窗口
上床睡觉

一首关于玛丽和威廉大街的诗

喝着茶水
听着音乐
读着《五个红苹果》
偶尔扭头看一眼
窗外漫天飞舞的雪花
整个下午
安静惬意
又莫名烦躁
杨黎说
一首关于玛丽和威廉大街的诗
不知道搞哪里去了
我想帮他找找
或者为自己也写一首

鹅毛大雪

天色突变
气温骤降
鹅毛大雪纷纷扬扬

大雪是大雪
鹅毛是鹅毛
大雪从天而降
鹅毛自青年路 129 号家禽屠宰场内起飞

大雪一样的鹅毛
比鹅毛般的大雪
洁白,轻盈,柔软,好看

他(一)

他信佛
也信上帝

他信命运
不信生活

他在意玩具的美丑新旧
不在乎交出自己的未来

他祈求眼前一切迅速消失
然后喝着茶水慢慢回忆

他(二)

他打开窗户
又关上

他往墙上狠命钉一枚钉子

他拧下头颅
冲着门口大喊:
拿块抹布过来

他(三)

他不顾红灯警示
左躲右闪向对面跑去
跑到马路中间
回头朝我高喊:
“快过来,没警察”

含羞草

无论手脚还是其他物件
轻轻触碰
它都会收起叶片垂下脑袋
一脸害羞的样子

我说像极了女人
问老K是否有同感
老K微微一笑:
“是的,如果一触碰就张开
那会更像一些”

老虎

每天叠一只纸老虎
送给儿子当礼物

纸老虎随儿子一起长大
日显威风之势

某夜,窗外狂风大作
屋里虎啸阵阵

我从梦中惊醒
持刀突入儿子房内

儿子安躺虎群
鼾声如雷

画眉

我见过画眉
在童年,在屋檐,在稻田,在树梢
我无数次听过
它婉转优美的叫声
因此,我断定
刚才听到的
两声貌似痛苦不堪的呻吟
绝非出自画眉之口
即便老K把我领到漂亮鸟笼前
将笼中漂亮画眉指给我看
我依然固执地坚持自己的判断

在花溪山凭栏观雨

尽管下吧
可大可小,可疏可密,可喜可怨
亦可扭动腰肢,挥动水袖
露出深藏的锋芒

如能击中我这只残破的磬
还你一池
春江花月

我们喝高了，对着吊灯造词

灯，灯光——
白，洁白，雪白，苍白，惨白……
老 A 用半生不熟的普通话告诉我
这是一盏白痴灯

接近黑夜

夕阳西下
光亮和喧嚣一点点抽离
黑夜慢慢踱来
回归深邃安静的本色
这个过程急不得
可能一根烟功夫
可能一盘棋
也可能一整夜的辗转反侧
这取决于一个人的诚意
和与黑夜相依的福分

悬案

粘钩从墙上脱落
同时掉落的还有那件花格衬衣

经审讯得知
衬衣想下来
粘钩帮了忙

为什么要下来
花格衬衣绝口不提

八十六岁的桂圆树被连根挖走后

留下的大坑里
伸出一只胳膊
吓跑了伐木工人和围观者

我去而复返
我想把它掩埋
更想救它上来

术

他奄奄一息
在医生和律师帮助下
立下遗嘱
将所有财产留给小儿子

大儿子用铁锤敲死小儿子
被判死刑

他奇迹般活了过来

野木瓜

每年这个时候
单位院子里一棵木瓜树上
就会结满黄色果子
这种木瓜不能吃
但闻起来有淡淡清香

同事拿来竹竿
悉数敲下
放置房间
我也得到一个
果然清香扑鼻
沁人心脾

后有人提醒
此物有毒
同事们纷纷弃之
唯我依然保留

等来年春天
香气散尽时
我要将它掏空
做成一只木鱼

合并同类项

留下每一个被我掏空的瓶子
包括砒霜瓶和咸菜罐
腾出最大的房间收养它们

我的遗嘱只有一条：
请将我空洞的躯壳
置于它们中间

宠物

有人养狗有人养猫
养鸟养蛇养蜥蜴养鳄鱼
我的宠物是一只大河蚌
去年端午来自峡山水库

它沉默不语安静如虚无
靠一盆清水苟且养命
只有在夜深人静才会张开嘴探出新鲜的肉
那时我守在它身边
犹如得到天启
我深信它体内有一颗珍珠
万丈光芒隐于世俗

练太极的杨大爷

每天早上
杨大爷都要对着厚墙练太极
身后就是空阔的广场

大多数人像我一样
经历着惊讶、疑虑、欲言又止、见怪不怪的过程

童年无忌
八岁的浩浩终于问出了那句我们都关心的话

杨大爷指了指墙:
她是我老伴

瞬间

窗外白杨
最高树梢头
停着两只鸟
紧紧相拥

后来飞走一只
再后来又飞走一只
我确定它们不会再回来
即便回来也不会栖上原来的树枝

我想拍下这曾经停过飞鸟的树枝
可它与身边的别无二致
一回头的工夫
就无法辨析

网

一片落叶
落在窗口蜘蛛网上
些许挣扎
便安静下来

看不到落叶的表情
只能凭经验
猜测它的幸福或无奈
此时的天
正逐渐变暗
我有着
救它下来的想法
心如死灰的心境
和举步维艰的行动

他占领的雪

早了雪会将脚印覆盖
晚了别人会捷足先登
每逢大雪
他都会尽早起床
站在窗口看
等天未亮将亮
雪欲停未停之际
穿衣出门
在厚厚雪地上
留下一排排清晰的脚印
表示一面面红旗插上占领的土地
几十年来都是如此
他骄傲地告诉我
心中拥有的雪
足以将这个世界掩埋N次

该听到的惨叫没有出现

老K擦拭灰尘
碰到木偶人
木偶人倒地
推倒水杯
茶水涌出
浸泡诗稿
老K发怒
将木偶人扔出窗外
该听到的惨叫声没有出现

整个下午
老K坐立不安
三次下楼找木偶尸体未果
于傍晚时分
循着木偶人的轨迹
飞出29楼窗口
该听到的惨叫声没有出现
窗外依稀有雨
一只喜鹊
模仿乌鸦两声嘻笑
迅即从屋顶隐入树林

挣扎

你说世界对你不公平
你说你失去了活下去的勇气
你说明天的太阳将照耀你的尸体
……
对于你的哭诉
我无法给你安慰
如果非要做点什么
我只想对你重复
昨天夜里面对一只被我扭断翅膀
卸下三条腿的苍蝇
在桌上呜呜乱转时说过的话：
你是幸福的
在这漫漫长夜
在五彩缤纷的人世间
至少还有我
守在你身边
欣赏你的挣扎

戏子

满园鲜花争奇斗艳
追香逐媚
正当我沉醉其中
诗情荡漾之际
一张落叶从天而降
拍打我头
顺着胳膊滑落眼前
它像手拿魔棒的使者
瞬间把我变成来不及卸装的戏子
正面笑靥如花
背面满目惆怅

柿子树

当所有子女被摘掉
送进超市,咽进肚子
或被踩扁
穿成一串串
曝晒在屋檐下
年迈佝偻的柿子树
伸手抓起几个随风飞舞的红塑料袋
挂上四处张望的枯枝

鲜红

办公院里柿子树上的柿子
早被摘光
隔壁戒备森严高墙内的柿子树上
柿子仍然满树招展
时值冬天
树叶落尽,满目荒芜
鲜红柿子引人注目
我坐在冬日阳光下的墙根
看着寒风中瑟瑟发抖的柿子树
就像看着瞌睡的爷爷
每掉一个柿子
爷爷就使劲点一下头

OUT

我经常趴在窗口
看天看云看雨看雪
看冬天里倒挂金钟的柿子
看街上匆匆忙忙的行人
看风中走走停停的落叶……
我一生都趴在窗口

未曾想
这被上帝拍成了一张张照片
并寄给了我
夹带的信中写着：
千篇一律
连眼神和表情都一样
你 OUT 了

女教员

“涉法问题处理”选修课上
漂亮的女教员告诉我们
她主要讲两个专题
一个是离婚
另一个是继承
剩下的自己看书

她刚从政法大学博士研究生毕业
笑起来像中央电视台某长发男主持人

狗

养了六年的黄狗死了
张婶伤心欲绝
张叔也泪流满面
之后,拖到河边剥皮宰杀
端上晚饭的餐桌
张婶说:
“加点嫩豆腐再炖炖
味道会更好”

白骨

无人采摘的野木瓜
和无人采摘的柿子
在冬日里遥相对望
它们像开在枝头的白骨
没有声音
没有表情
没有动作

其实,它们一直在看我
从黑夜到白天
从清晨到日暮
没有开始
没有结束

尘埃

门窗关得再紧
房间里依然灰尘密布

这些尘埃来自何方
将要去往何处

张美丽低头陷入深思
像徜徉在云端的佛
打量芸芸众生

芍药

院子里的芍药花开了
之前我一直以为是牡丹
后来有人告诉我那是芍药
我就多看了两眼

我以看牡丹那样的眼神看它
它用替身演员般的敬业回应

杨絮纷飞迷人眼

小盹醒来
扭头看窗外
漫天雪花飞舞

五月天,雪花飞
正是赏雪好时节
翻身起坐,睡意全消

定睛细看
阳光灿烂,杨絮飞扬
哦,清醒
有时真叫人无奈

野孩子

满树叶子
就它一片是黄的
与周围绿油油的春天格格不入

这个野孩子
弄得我辗转反侧
夜不能寐
半夜里两次起床
去看它

我命令它:
要么掉下来
要么马上变绿

笔

笔筒里插满各种笔
我用到的却只有一支
固定的黑色那一支
尽管它和其他
粗细一样
笔芯一样
书写流利程度一样
可我就是喜欢那一支
习惯用那一支
即便它现在水尽油枯
再也写不出字
我依然能心领神会
从白纸上
淡淡的划痕中
读出彼此
心底的秘密

幸福花

办公室的幸福树
并排绽放两朵白色喇叭状小花
我拍照片发微信
广而告之

张美丽发来信息：
“幸福树的花都是对开的
是让幸福的更幸福
孤单的更孤单”

对此我深信不疑
逆向逡巡
果不其然
在纵横交错的枝丫间
又找到两对
干枯的幸福的尸体

秋

树上的黄叶
很快将会落完
也许明天,也许后天
也可能在今夜一阵大风之后

我飘在夕阳尽头
瑟瑟秋风中
原本只想为秋叶领路
身后却始终跟着
几个驱赶落叶的顽童

榕树

老家村子里
有两棵并排的榕树
一样高一样粗一样老
村里最老的老人也说不清它们的年龄
只记得世世代代
用它们的叶子挡风遮雨
用它们的胡子荡秋千
用它们的表皮治病
后来村里修公路
两棵榕树被村民们连根刨出
斧成柴禾烧火做饭
现在
村里已经没人知道这段历史
不惑之年的我
也是偶尔翻阅老书
看到一片当年随手摘来当作书签
现已全面枯败惨不忍睹的叶子
才想起那两棵
曾经给予我童年无比快乐的榕树

搓

她,冲洗身体
用到了肥皂和毛巾
还用了砂纸

她用砂纸从头到脚
一点一点地搓
搓到下体时
明显用力
速度也跟着加快
热水冲着眼泪
细砂伴着鲜血
流了一地

犹豫

路过教堂
中年妇女拦住他
要送他一个精美十字架

当她看到他脖子上的观音玉坠
犹豫了一下
还是将十字架套在他脖子上

他原本想将脖子收回
犹豫了一下
最终挺着没动

它在看我

它在看我
一直在看我
目不转睛看我
从我进入它视线开始就在看我
现在走出三十多米了还在看我
我不知道它有没有看我同伴
但我真切感到它在看我
不眨眼地看我
我这么说没有把自己突出出来的意思
也没有想过它的眼神有什么象征意义
能不能给我抒情的可能
我只是想简简单单告诉你
今天是3月11日
我的生日
我和老A老B张美丽
去花溪山的路上
看到一棵烧焦了的杨树
一直在安静地看我

我们下得小心翼翼，深怕听到阳光断裂的声音

窗格子将阳光分成一块块
像一张大棋盘
映在宽敞的客厅地面上

我在上面教米立下围棋
棋子是米立的玩具们
和我们自己